LA GUIDA DEFINITIVA AGLI INVESTIMENTI NFT

Impara a Trarre Profitto dalla Connessione di Gioco di NFT, Metaverso e Criptovaluta

Wayne Walker

INDICE

INTRODUZIONE

Benvenuti nel mondo degli NFT (token non fungibili)! È stato difficile, se non quasi impossibile, sfuggire alla notizia degli NFT. Sono la novità più discussa dei mondi cripto e blockchain. Come per molte cose nuove, in giro c'è molta informazione e disinformazione, il che può rendere difficile essere sicuri di ciò che è vero e di ciò che è solo rumors. Una cosa che sappiamo per certo è che miliardi di dollari sono entrati nel mercato NFT. In queste pagine esploreremo nel dettaglio questa esplosione dell'attività di investimento e ciò che potrebbe significare. Questa esplorazione includerà anche la nostra visita, l'apprendimento e la connessione dei mondi fratelli degli NFT; il metaverso e il crypto gaming. Inoltre, verso la fine del libro ho incluso anche la mia esperienza personale con la creazione di NFT.

Le opinioni attuali sugli NFT sono altrettanto diverse di quelle che abbiamo sentito nei giorni precedenti delle criptovalute. Alcuni credono che gli NFT siano qualcosa di stupido, uno spreco di denaro e semplicemente orribili per l'ambiente. Non sorprende, ci sono altri che affermano che i NFT sono il futuro di Internet e che dovrebbero essere inclusi in ogni portafoglio di investimenti. Questi fan vedono gli NFT come un modo per possedere una parte di Web3*, per loro il futuro del mondo online. Quello che posso dirti io è che esploreremo questo nuovo mondo senza clamore, e alla fine capirai chiaramente come gli NFT possono essere di beneficio per te e quali trappole evitare.

*Web3 è la prossima o terza generazione di Internet, si basa sulla tecnologia blockchain e sull'economia basata su token. Si tratta di un qualcosa di ancora molto nuovo e la definizione finale di Web3 potrebbe cambiare dopo la pubblicazione di questo libro.

Prima di iniziare

Prima di iniziare a scoprire cosa sono gli NFT, presumo che tu abbia una comprensione di base delle blockchain e dei concetti di smart contract. Gli NFT sono nuovi mentre la tecnologia che viene utilizzata per crearli non lo è. Pertanto, è importante che tu comprenda questi concetti alla base. Se hai letto uno qualsiasi dei miei altri libri sulla tecnologia blockchain, allora non avrai alcun problema. Se non hai letto gli altri miei libri, o se hai bisogno di un aggiornamento, prima di iniziare dovresti le sezione "Scheda informativa di blockchain & smart contract" (si tratta solo di un paio di pagine). Non ho voluto mettere questa parte all'inizio del libro per non rallentare coloro che già conoscevano questi concetti.

NELLA SUA FORMA PIÙ SEMPLICE

Nella sua forma più semplice, un NFT è la prova della proprietà di *quel token*. Il token può essere di opere d'arte, giochi, film, libri, servizi, musica, ecc. Sono programmabili e, una volta coniato un token, è possibile tenere traccia di chi lo ha posseduto. Queste informazioni sulla proprietà sono disponibili all'indirizzo del wallet.

È importante essere chiari fin dall'inizio dicendo che quando si acquista un NFT, normalmente, NON si riceve l'oggetto fisico o il copyright per quell'oggetto. Un'altra cosa da tenere a mente è che un NFT può essere rivenduto dai suoi proprietari in qualsiasi momento e ripetutamente. Tuttavia, l'originator può porre limitazioni alle piattaforme utilizzate. Rivedremo questi punti in seguito perché possono essere utilizzati a tuo vantaggio come creator.

Gli NFT hanno fornito un nuovo modo per artisti come musicisti, pittori e molti altri di trarre profitto dalle proprie opere creative. Passando al digitale possono far scalare le loro opere d'arte oltre le copie fisiche. Sebbene la maggior parte delle collezioni NFT appartenga ad artisti, non c'è nulla che impedisca ad un pugile famoso di creare un NFT dei propri guanti da boxe utilizzati in un combattimento di campionato. Ora è possibile acquistare anche tweet NFT, augurandoci che si stia già iniziando a vedere l'apertura o la follia di questo nuovo mondo NFT.

Gli NFT entrano nella conversazione

Gli NFT sono entrati nella conversazione pubblica tra il 2014 e il 2015. Il progetto Etheria è stato presentato al mondo a Londra, in occasione di una conferenza Ethereum. Si trattava di una collezione di piastrelle esagonali scambiabili. Dopo il lancio non ci sono stati eventi degni di nota fino a marzo 2021, quando l'attività NFT ha iniziato a esplodere e improvvisamente tutti i contenuti associati al progetto sono stati venduti in 24 ore per poco più di un milione di dollari.

In che modo gli NFT sono diversi dalle criptovalute?

Nell'universo delle criptovalute, le cose sono in una certa misura standardizzate. Un esempio semplice è che un Litecoin equivale a un altro Litecoin. Un NFT può rappresentare risorse come un fumetto o anche un video clip. Poiché gli NFT possono essere creati su una gamma così ampia di attività sottostanti, non sono fungibili, il che è solo un altro modo per dire che non sono facilmente intercambiabili.

MILIONI PER COSA?

Nel 2017, quando qualcuno ha offerto 9 milioni di dollari per un NFT che faceva parte della collezione CryptoPunk, probabilmente molte persone lo hanno preso come un segno che il mondo stava per finire. Milioni per un'immagine pixellata di un tizio comune che fuma una sigaretta? Beh, era un'offerta, e il proprietario l'ha rifiutata di fronte all'incredulità di tutti. Il progetto CryptoPunk è costituito da personaggi dei cartoni animati scambiabili rilasciati da Larva Labs sulla blockchain di Ethereum. Se questo prezzo ti sembra scioccante, allora collasserai quando scoprirai che il prezzo record per un NFT, al momento della stesura del libro, è di 69 milioni di dollari per l'arte dell'artista Beeple. Il mondo dei token non fungibili è andato avanti e ha creato una nuova industria.

Molti degli analisti di mercato tradizionali, soprattutto dai mercati azionari, di solito si mostrano indignati da questi, a loro dire, "prezzi folli". In genere un analista di mercato azionario si chiede quale sia la base per il prezzo o il valore intrinseco di un'attività. Se si utilizzano i metodi tradizionali di valutazione di un bene del mercato dei capitali come metro per valutare il valore di una collezione NFT, si potrebbe finire a zero! Questo mercato ha le sue metriche. Può essere visto come qualcosa di popolare sui social media, che può portare alla paura di essere tagliati fuori (FOMO), o qualcosa di semplice e vecchio stile come l'ego del compratore o del venditore.

Le persone sono disposte a pagare

I ricchi, non noi persone normali, sono il mercato di destinazione per i pezzi follemente costosi di arte NFT. Questo gruppo di acquirenti spenderà i propri soldi in modi che non avrebbero senso per la persona media. Le persone ricche non hanno alcun problema a spendere enormi somme per acquisire quello che credono sia uno status symbol. Per alcuni di loro, ottenere la più ricercata o la più recente collezione NFT è semplicemente un modo per segnalare alla *propria* rete e al resto del mondo "guardami, posso fare cose come questa perché io sono davvero ricco!". Questo segmento di clientela è la motivazione per molti di coloro che entrano nel mercato NFT alla ricerca di denaro facile e veloce dalle vendite.

C'è di più, che tu ci creda o no

Due eventi che ho dovuto controllare più volte perché non riuscivo a crederci.

1. Esiste già un museo dedicato alle NFT negli Stati Uniti.
2. All'inizio del 2022, il governo britannico ha rivelato che sta pianificando di coniare* il proprio NFT. Hanno affermato che fa parte del loro piano per diventare leader nel settore delle criptovalute. Il ministro delle finanze britannico ha diretto la Royal Mint, l'agenzia governativa responsabile della coniatura delle monete, per coniare ed emettere NFT. La reazione degli influencer del settore non è stata eccessivamente entusiasta. Viene visto solo come una trovata pubblicitaria con il più ampio obiettivo del governo

britannico di apparire aggiornato sulle ultime tendenze tecnologiche.

*Gli NFT sono creati attraverso un processo noto come coniatura. Maggiori informazioni al riguardo nel prossimo capitolo.

COSA POSSIEDI?

Attualmente c'è un malinteso tra molti nuovi acquirenti e appassionati di NFT su cosa possiedi quando hai un token. In quanto è vero che sono unici, nel senso che il token che possiedi non ha gemelli. Alcuni dei venditori NFT, deliberatamente o per mancanza di conoscenza, danno ai nuovi partecipanti al mercato, e soprattutto ai potenziali acquirenti, l'idea di possedere direttamente o di avere una proprietà parziale del bene sottostante, ad esempio un libro o un'opera d'arte. Facciamo un piccolo esempio: se ti vendo la mia auto, una volta trasferito il titolo di proprietà la possiedi al 100%; a differenza di altri oggetti fisici, con un NFT, come abbiamo già definito, viene solo provata la proprietà di _quel token_.

L'altro punto che molti nuovi acquirenti nel mercato NFT spesso trascurano o fraintendono è che il tuo acquisto non impedisce al venditore di creare altri NFT di ciò che hai acquistato.

Un esempio reale di proprietà incompresa

Nel 2022 un'Organizzazione Autonoma Decentralizzata (DOA), acquistò per 2,66 milioni di euro una copia di un famoso libro di fantascienza credendo che avrebbero posseduto i diritti d'autore e lo avrebbero trasformato in un NFT. Non ci volle molto prima che le persone su Internet ricordassero loro che non è così che funzionano le cose con gli NFT. È solo un altro promemoria per acquirenti e venditori, e poiché le NFT sono ancora nuove ci sono diversi aspetti legali che rimangono senza risposte.

Coniatura, cos'è e come funziona

Gli NFT vengono creati attraverso un processo noto come coniatura su una blockchain. Il tuo NFT è collegato ad uno smart contract e questo collegamento è permanente... come dire per sempre. Viene eseguito lo smart contract con cui viene generato il NFT e questo viene scritto sulla blockchain.

Ethereum è la blockchain più popolare per la coniatura e questo è principalmente dovuto alla sua popolarità tra gli sviluppatori. Per evitare qualsiasi confusione, voglio chiarire che è possibile coniare NFT su altre blockchain oltre a Ethereum.

Gas

L'esecuzione del tuo smart contract e la coniatura di un NFT su una blockchain come Ethereum prevede dei costi. Queste commissioni sono note come tasse del gas. Se vuoi acquistare un NFT con ETH (Ether) o se vuoi coniarlo in seguito, verranno addebitate le tasse del gas. Sulla blockchain Ethereum il prezzo è calcolato in Gwei, l'unità più piccola di Ether. L'importo da pagare dipende principalmente dalla complessità della transazione. Anche la quantità di traffico di rete al momento della transazione svolge un suo ruolo. Per risparmiare sulle tasse del gas potresti voler mantenere un profilo semplice, ma che non è sempre il migliore a seconda del tuo NFT. Piattaforme diverse addebitano tasse del gas diverse e le differenze possono essere molto ampie. Ti consigliamo di informarti con attenzione prima di iniziare i tuoi progetti.

Le tasse del gas per coniare un NFT sulle piattaforme variano da 3$ in un giorno tranquillo, fino a 30$ in un giorno con un sacco di traffico. In media si pagano 15$ in tasse. Se la coniatura è occasionale, per la maggior parte delle persone le tasse non saranno un problema. Se si passa nella categoria di qualcuno che lo fa per business, allora si nota facilmente come le tasse del gas possono diventare un problema aziendale per via delle spese.

Guerre del gas

Le guerre del gas sono una strana caratteristica degli NFT. Si parla di guerra del gas quando migliaia di persone tentano di comprare un NFT. Le tasse del gas possono aumentare a livelli folli quando le persone superano i propri concorrenti nel tentativo di assicurarsi che le loro transazioni vengano elaborate più velocemente delle altre. La guerra raramente dura a lungo, in media pochi minuti, ma questo è sufficiente per utilizzare una notevole quantità di denaro per ottenere l'NFT preferito. Quanto? Può essere 4.000$, un po' meno o molto di più.

Gas gratis?

La questione delle tasse del gas può diventare un ricordo del passato, almeno quando si tratta di creare NFT. Ci sono piattaforme che consentono di coniare un NFT gratuitamente. OpenSea, il marketplace NFT più popolare, ha uno strumento chiamato Collection Manager che permette agli utenti di creare e vendere NFT senza dover pagare alcuna tassa del gas. Che senso ha per gli affari se i creator non pagano alcuna tassa? Che è l'acquirente che paga le tasse alla vendita di un NFT.

Secondo il sito web ci si riferisce a questo processo come "lazy minting" (coniatura pigra). Questa cosiddetta coniatura pigra, sebbene sia una buona cosa soprattutto per chi ha un budget limitato, ha anche creato una nuova serie di problemi... vale a dire falsi NFT. Questo problema verrà rivisto quando approfondiremo le sfide che l'industria sta affrontando con le frodi.

Quale blockchain è la migliore per coniare?

La tua proprietà o l'unicità del tuo NFT è collegato alla blockchain su cui è stato coniato. Alcuni mercati offrono ai loro clienti diverse blockchain tra cui scegliere per il processo di coniatura. Ciò potrebbe portare al dilemma di persone diverse che coniano lo stesso NFT su blockchain diverse, il che significherebbe che ci saranno diversi originali o inizi sul mercato. In questa situazione, chi può decidere quale blockchain è la migliore?

Un altro punto da considerare, i mercati non sono costretti ad accettare tutti i token. Il tuo NFT di Tezos (o qualsiasi altra blockchain) <u>non</u> garantisce la sua accettazione in tutti gli altri mercati.

È possibile acquistare un NFT senza ETH?

Alcune piattaforme consentono di acquistare con moneta legale*. Tuttavia, la maggior parte richiederà di utilizzare ETH (Ether) nel momento in cui l'NFT fa parte di un'asta o di una rivendita.

La moneta legale è una valuta emessa dal governo, ad esempio il dollaro USA, il real brasiliano, lo złoty polacco, ecc.

La moneta legale è una valuta emessa dal governo, ad esempio il dollaro USA, il real brasiliano, lo złoty polacco, ecc.

MINACCE PER L'AMBIENTE

La quantità di energia consumata nell'ecosistema degli NFT è stata fonte di controversie fin dall'inizio. Questa critica vale anche per il mondo delle criptovalute in generale. Per i difensori delle criptovalute, la critica dipende dall'anno di cui stiamo parlando. L'argomento dell'uso inefficiente dell'energia avrebbe potuto essere sostenuto con maggiore forza diversi anni fa, ma ora non più.

La comunità blockchain si è già dotata di gruppi che lavorano per rendere le piattaforme più rispettose dell'ambiente. Oggi ci sono reti blockchain che sono molto più efficienti dal punto di vista energetico di Ethereum, ad esempio la rete Solana. In futuro, Ethereum sta pianificando un aggiornamento alla sua blockchain che utilizzerà significativamente meno energia nel processo di coniatura. Durante le mie ricerche ho appreso che la rete migliorata porterà una riduzione dei consumi di energia del 90%.

Molti di quelli che sostengono la storia di quanto siano nocivi per l'ambiente criptovalute e NFT, raramente si chiedono quanta energia utilizzano le borse di tutto il mondo. E le banche a livello globale? Ho lavorato nel settore bancario tradizionale per decenni, e posso dire per esperienza personale che abbiamo usato molta energia. Confronti più dimenticati: il consumo di elettricità degli NFT rispetto all'ecosistema bancario costituito dal sistema SWIFT e dalle loro sedi di sportello automatico (ATM) in tutto il mondo.

Notizie ambientali crittografiche ottimistiche

Due società, Blockstream (Canada) e Block (USA), hanno iniziato a lavorare sulla coniatura di bitcoin solare e alimentata a batteria in Texas utilizzando la tecnologia della società Tesla. Il CEO di Blockstream, Adam Back, ha rilasciato la dichiarazione in una conferenza Bitcoin nell'aprile del 2022. Lo scopo del loro progetto è fornire una prova concettuale per la coniatura di bitcoin al 100% con energia rinnovabile. Includerà anche una dashboard pubblica che potrà essere visualizzata in tempo reale, un rapporto tra bitcoin coniato e potenza in uscita, davvero impressionante! Ad oggi, questo è uno dei progetti di crypto mining più ambiziosi che io conosca. Non mi sorprenderebbe leggere presto di alcune aziende che uniscono le forze per fare qualcosa di simile specificamente per gli NFT.

Sono necessari rapporti più dettagliati

Il mio ultimo punto su questo problema è che, in tutte le affermazioni di spreco di energia, ancora sono in attesa di leggere un rapporto che fornisca un'analisi dettagliata delle fonti di energia di coniatori privati di criptovalute, coniatori NFT e altri giocatori di criptovalute. Sappiamo quanti miner e coniatori utilizzano energie alternative? Ad esempio, quanti miner traggono la loro energia dall'eolico, dal solare o da altre forme di energia rinnovabile? Molti di loro lo fanno, non solo le due grandi aziende di cui hai appena letto. Ci sono anche altri che di propria iniziativa compensano completamente il loro consumo medio di

CO2 (anidride carbonica) sulla loro blockchain per diventare neutrali dal punto di vista climatico.

TRUFFE E MINACCE

Sfortunatamente, i truffatori vedono gli NFT come un nuovo mercato per i loro trucchetti. Aziende famose e meno famose hanno avuto account hackerati. Ad esempio, OpenSea è stato hackerato per quasi 2 milioni di dollari nella primavera del 2022. I truffatori hanno preso token dai portafogli dei proprietari legali tramite un attacco di phishing.

Quindi, quanto è grave la situazione con i fake e gli inganni negli NFT? La situazione è così grave che il più grande mercato del settore, OpenSea, ha ammesso che la maggior parte delle NFT create sulla piattaforma, quelle create gratuitamente, sono copie di opere di altre persone o semplicemente frodi. Hanno twittato questo: "Oltre l'80% degli oggetti creati con questo strumento erano opere plagiate, false collezioni". Lo strumento a cui si riferivano è il loro programma di coniatura gratuito che è stato descritto in precedenza come coniatura pigra.

Ci sono state altre truffe in cui gli artisti non hanno consegnato i contenuti promessi agli acquirenti, in pratica hanno effettuato consegne parziali su progetti NFT. Oltre a questa truffa, c'è la ben nota e di basso livello attività di vendita di falsi. Questa può essere sotto forma di immagini rubate, per caricare e vendere file di cui non si dispone dei diritti di proprietà intellettuale. Ci sono stati casi in cui alcune opere di artisti che non volevano venissero trasformate in un NFT in realtà sono state messe in vendita. Potresti anche potenzialmente incontrare la situazione pazzesca di qualcuno che vende un falso accanto al lavoro genuino sullo stesso mercato. È possibile cercare online su Twitter sotto "NFTtheft" o altre fonti per trovare molte storie folli.

La linea di fondo è che i progetti contraffatti sono ovviamente di nessun valore per i nuovi proprietari che non hanno modo di recuperare i propri soldi, e questo danneggia il più ampio mercato NFT.

Wash trading

Il wash trading è probabilmente il trucco che la maggior parte dei truffatori utilizza in questo momento. È qui che i conti controllati da una persona o entità si scambiano tra loro, per dare l'impressione che ci sia molta domanda di un NFT per aiutarli a venderla più velocemente e a un prezzo più alto. È accumunabile al trucco del pump and dump ben noto nel trading di azioni.

Proprietà vs. Possesso

Prima o poi i mercati dovranno affrontare la questione di chiarire la differenza fondamentale tra possedere un token e essere il proprietario di un token. La maggior parte dei mercati funziona ancora sul principio che qualsiasi account che ha il token è il suo proprietario. Molti nel settore vogliono che venga messa una maggiore enfasi sulla proprietà legale. La differenza è sottile, ma molto importante. Nel mondo reale, se io vado in vacanza e tu entri in casa mia e cominci a viverci non possiedi legalmente la mia casa. *Stai occupando* la mia casa, ma il *titolo legale* di proprietà rimane a me.

I marketplace possono fare di più

Posso facilmente capire come le persone che non seguono da vicino il mercato degli NFT possano avere l'impressione che i mercati siano un totale selvaggio west dove tutto è permesso. La realtà è un po' più sfumata. Attualmente, i marketplace NFT seguono le stesse regole DMCA (Digital Millennium Copyright Act) di qualsiasi altro sito web di contenuti, ad esempio la piattaforma YouTube. DMCA vieta il caricamento, l'utilizzo o la condivisione di contenuti che non sono legalmente posseduti. Il contenuto è solitamente video, foto e musica. Le persone che violano le linee guida DMCA possono essere costrette a rimuovere il materiale dal loro sito.

I mercati stanno diventando più aggressivi nei loro sforzi per sbarazzarsi dei truffatori e dei cattivi attori, ma hanno bisogno di fare molto di più. A mio parere, sono stati troppo lenti e deboli. Potrebbero anche aumentare i contenuti educativi a disposizione degli acquirenti. Recentemente ho letto di una delle nuove gallerie offline per NFT che offre agli acquirenti l'accesso a esperti di arte, finanza e tecnologia per assisterli nel processo di acquisto. Questo è un buon punto di partenza.

PROTEZIONE DELL'ACCOUNT

La lista che possiedo è davvero un buon punto di partenza. Puoi sempre creare strategie più complicate man mano che aumenta il tuo bisogno di sicurezza. Mi sento sicuro nello scrivere che se applichi le basi nei paragrafi seguenti, allora vuol dire che sei partito bene.

Utilizza un gestore di password ed evita di riciclarle

Il riutilizzo delle password è probabilmente il punto debole numero uno per la maggior parte delle persone. Avere le stesse password su diversi siti web è estremamente rischioso. Molti di noi lo fanno, ma dobbiamo resistere all'impulso perché sappiamo anche che se qualcuno ottiene la tua password potrà attaccarti da diversi punti. Utilizzando un gestore di password come LastPass o uno qualsiasi delle altre opzioni, si può rendere il processo di sicurezza più facile.

Non cliccare su link sconosciuti

Email, immagini, ecc. provenienti da fonti sconosciute non devono mai essere cliccate. Questo è uno dei modi più comuni per le persone di perdere i loro NFT. In generale, non dovresti cliccare su link da fonti sconosciute o inaffidabili, che siano NFT o meno.

La tua frase segreta di recupero... rimane segreta

La frase segreta di recupero per il tuo portafoglio è solo tua, NON deve essere condivisa con nessuno. Ciò include i migliori amici, i coniugi, ecc.

Oltre a questi suggerimenti, ci sono un sacco di video su Internet con strategie ancora più avanzate ma ricorda: la complessità può essere il nemico del fare le cose.

IL METAVERSO

Che cos' è il metaverso? Gli NFT sono nuovi e ora il metaverso è l'ultima serie di parole per far svuotare le menti delle persone. Recentemente ad una cena con alcuni amici, dopo aver trascorso 15 minuti a spiegare cosa fossero gli NFT, mi hanno poi chiesto del metaverso, e io ho solo detto "leggi il mio libro". L'ho detto perché per comprendere appieno il metaverso è necessario conoscere anche altri concetti. Tuttavia, poiché stai leggendo il mio libro tu otterrai la spiegazione completa.

Il punto critico che deve essere affrontato subito: ci sono diversi mondi virtuali del metaverso. Le diverse aziende, per ovvie ragioni, potrebbero volere che il pubblico creda che ce ne sia solo uno... il loro! Ma non esiste un solo metaverso. Alcuni dei mondi virtuali più noti sono Decentraland e Sandbox, con più mondi in fase di sviluppo mentre scrivo, anche uno solo per bambini.

Avatar

Prima di andare oltre, è necessaria una rapida spiegazione su cosa siano gli avatar. Ho supposto che tutti avessero familiarità con il concetto di avatar, ma dopo diverse letture di prova di questo capitolo da parte di alcuni amici questi sono stati così gentili da avvisarmi del mio errore.

Gli avatar sono rappresentazioni sullo schermo, normalmente di te stesso, dal mondo reale che ti rappresenta nel mondo virtuale. A seconda della piattaforma e dei tuoi gusti, l'avatar di te può essere più vicino o diverso dalla tua immagine reale. Se sei basso nella vita reale ma vuoi sembrare un giocatore di basket alto, puoi farlo. Il requisito principale per la maggior parte delle piattaforme è che questa immagine avatar deve essere umana, in altre parole, non puoi trasformarti in un drago sputafuoco.

Come hai appena letto, gli avatar sono normalmente di te stesso, ma puoi anche creare un avatar di qualcuno dalla tua immaginazione. Un esempio discusso o abbastanza controverso è che sui social media uno dei modelli più seguiti è un avatar femminile creato da un uomo.

Il Metaverso continua

Il metaverso è una raccolta di diversi componenti che si uniscono per formare un'esperienza. Le parti essenziali sono gli avatar, le cuffie VR (Virtual Reality – Realtà Virtuale)* e la proprietà digitale. Devo ammettere che questa collezione di componenti può cambiare e probabilmente lo farà.

Attraverso l'uso degli avatar, puoi uscire con altri avatar in questi mondi virtuali facendo cose che vanno dallo shopping, dalla vendita di un immobile, alla partecipazione a un concerto. Uno degli obiettivi del metaverso è permettere di fare cose che normalmente si fanno nel proprio mondo reale, ma in questo caso online. La tua normale attività nella vita reale include il lavoro, l'incontro con gli amici, gli hobby, ecc. Utilizzando le piattaforme del metaverso avrai la sensazione di essere lì, fare quelle attività, ma senza effettivamente essere lì.

Un altro obiettivo dei mondi virtuali è quello di farti sentire così completamente immerso che sarà difficile volersene andare.

Affinché ciò accada, gli sviluppatori devono rendere l'esperienza il più graficamente e sensorialmente ricca possibile e posso assicurarti che ci stanno lavorando. C'è anche un mondo che permette agli avatar di sposarsi! I matrimoni tra Avatar è un'idea carina, ma non è questo che attrae le aziende. La caratteristica che li attira di più è che hanno la possibilità di creare servizi o contenuti aziendali che possono essere scambiati virtualmente, e in seguito possono essere convertiti in denaro reale.

*La Realtà Virtuale (VR) è un'esperienza sensoriale generata dal computer con scene (immagini, suoni) così realistiche che si ha la sensazione di viverle davvero. Normalmente si accede alla realtà virtuale con cuffie progettate appositamente.

Questa *non* è una cosa del tutto nuova.

Per coloro che possono ricordarlo, Linden Lab ha lanciato in grande nel 2003 il suo mondo virtuale chiamato *Second Life*. Le persone potevano creare avatar e interagire con altri nella loro seconda vita. Questa storia è un po' personale per me perché la banca dove lavoravo all'epoca, ha scommesso finanziariamente su *Second Life* e ha investito un sacco di soldi per creare una presenza in questo mondo virtuale. È stato assunto personale extra e preparata una fantastica festa di lancio. Il risultato? Purtroppo, il progetto fallì miseramente. Perché? Non c'era abbastanza interesse da parte del pubblico per dare un senso agli affari. Tuttavia, il mondo virtuale di *Second Life* esiste ancora.

Perché ora?

Abbiamo appena detto che il concetto di mondo virtuale non è nuovo, quindi perché c'è così tanta eccitazione proprio ora? La risposta è che le tecnologie di supporto necessarie per passare al livello successivo sono finalmente disponibili. Includono blockchain, cuffie VR migliorate e, naturalmente, NFT che possono essere integrati nel metaverso. Possedere cose in mondi virtuali è già possibile, ma con l'applicazione della tecnologia blockchain dimostrare la proprietà di beni virtuali è più sicuro e sembrerà più *reale* per i proprietari.

Molte parti del mondo sono anche più aperte a uno stile di vita virtuale, reso possibile dalle diverse piattaforme di incontro online, insieme all'esplosione del lavoro da remoto e alla tendenza a lavorare da casa. Ora le persone organizzano feste virtuali di degustazione di vini, cosa che non avrei preso nemmeno in considerazione anni fa. Di recente ho preso parte a una di esse.

La sfida del viaggio inter-metaverso

Prima che ci possa essere un'adozione più ampia del concetto di metaverso da parte del pubblico, alcuni nel settore ritengono che gli utenti debbano avere la capacità di *viaggiare* facilmente tra i diversi mondi virtuali del metaverso. Affinché questo viaggio inter-metaverso nel mondo diventi una realtà ci sarà bisogno di alcuni standard concordati. Avere un metaverso standard ti permetterà di viaggiare con le tue risorse digitali e il tuo avatar da un metaverso all'altro senza perderli.

Forse verranno creati alcuni standard di metaverso simili allo standard dell'elettricità che esiste in Unione Europea. Ad esempio, un residente polacco che si reca in Spagna può collegare il computer, ricaricare lo smartphone, eccetera, senza alcun problema perché gli standard delle prese elettriche sono gli stessi in tutta l'Unione Europea. Invece, un residente degli Stati Uniti che viaggia in Europa avrebbe bisogno di un adattatore elettrico da viaggio per utilizzare le prese elettriche in Spagna.

Prima che ci possa essere un lancio di qualsiasi viaggio inter-metaverso, i diversi mondi metaverso dovranno anche risolvere le ovvie sfide tecniche e di proprietà intellettuale che la mobilità inter-metaverso richiederebbe.

Vogliamo sfuggire alla realtà?

Questa è forse la sfida più difficile per le aziende, ovvero convincere le persone di cui hanno bisogno a partecipare al metaverso. Che dovremmo passare meno tempo a sperimentare la vita reale e più tempo in una vita virtuale, anche se molto realistica a livello sensoriale. Una delle critiche frequenti al metaverso è che principalmente è un modo per la classe media o ricca per sfuggire alla realtà. La verità è che la maggior parte del pianeta non ha questo lusso di poter spegnere la realtà quando si deve pagare l'affitto. Per non parlare del fatto che spendere denaro *vero* per comprare terreni *immaginari*, ecc. nel metaverso significa che la tua vita è piuttosto confortevole. Questo è un mondo in cui nel metaverso i terreni virtuali accanto alle case di alcune celebrità possono costare più di terreni veri e propri. Immagina di cercare di spiegare a un bambino, o a chiunque altro, che non puoi permetterti di comprare una casa in un mondo che non esiste!?!

A questo punto, i casi d'uso del consumatore (giochi, esperienze virtuali, arte, incontri, ecc.) del metaverso è chiaramente qualcosa di bello da avere, ma che non hai bisogno di avere. Chiudo con un piccolo avvertimento: in molti si sono espressi in termini simili sui social media non appena sono usciti. Mentre per me i social media non sono un bisogno, conosco abbastanza persone per i quali è diventato necessario, sia per loro che per i propri ambienti sociali.

GIOCHI: FATTI PAGARE PER GIOCARE!

I giochi NFT, una parte enorme dell'ecosistema NFT, stanno crescendo più velocemente di quanto persino i loro fan avrebbero potuto mai immaginare. La dimensione del mercato per il 2021, misurata dagli acquisti in-game, è stata di 5,1 miliardi di dollari. Si tratta del 2° settore NFT più grande in base al volume complessivo delle vendite di NFT. Questo mondo di gaming non è ciò che viene in mente a molti quando pensano ai giochi. Il modo tradizionale in cui funzionano i giochi è che i giocatori *pagano* per giocare a un gioco, e anche se gratuito all'inizio normalmente è necessario pagare per accedere a determinati livelli o ranghi.

Questa nuova versione del gioco prevede che i giocatori guadagnino dai giochi, spesso indicato come "play-to-earn" (P2E). Un altro modo per spiegare il tutto è che giocando nell'universo NFT, il *tuo tempo* è il metodo di pagamento. Per alcuni che mettono in discussione l'idea di pagare qualcuno per portare avanti il proprio hobby di giocare potrebbe sembrare tutto una grande sciocchezza, ma invece è tutto molto reale. Il termine che le persone utilizzano per descrivere questa tendenza è GameFi, che non è altro che l'unione delle parole gioco e finanza. In pratica, si tratta di un mondo virtuale in cui blockchain, NFT, giochi e criptovalute si incontrano.

Come fanno i giocatori a fare soldi?

Il modo tipico di guadagnare denaro è quello di completare alcuni compiti nel gioco per migliorare la tua classifica. Per la maggior parte dei giocatori è per lo più privo di rischio, ma ci sono alcuni giochi in cui puoi perdere denaro perché devi pagare prima di giocare. Puoi perdere il tuo denaro se smetti di giocare prima di raggiungere un livello o un rango necessario per un pagamento.

Nei giochi NFT, i giocatori utilizzano oggetti da collezione digitali o risorse di gioco che possono vendere ad altri giocatori. Le risorse possono includere qualsiasi cosa, dalla terra virtuale, ai personaggi, alle armi, agli animali e molto altro. Alcuni dei giocatori ambiziosi stanno iniziando anche ad utilizzare i propri guadagni di criptovaluta per il gioco NFT, in modo da allungare ulteriormente il proprio reddito. Lo staking ti consente di guadagnare entrate extra da tuoi NFT, senza dover rinunciare ai tuoi diritti di proprietà.

I migliori giochi attuali

Axie Infinity – I giocatori raccolgono mostri fantasy NFT che possono scambiare all'interno del mercato del gioco.

Sorare – Per gli appassionati di fantacalcio. Assembla una squadra con i tuoi giocatori preferiti e ottieni ricompense a seconda delle loro prestazioni nelle partite reali.

Evolution Land – I giocatori comprano terreni e costruiscono edifici.

Risposta degli sviluppatori di giochi

Come per tutte le cose NFT, il mercato è ancora nuovo e dai dati disponibili, la maggior parte della comunità di gioco al di fuori del mondo NFT non sono ancora pienamente convinti dei vantaggi delle NFT del gioco NFT . Secondo il sondaggio della 2022 Game Developers Conference, la maggioranza, il 70%, non è interessata.

DIMENTICA
I PROFITTI FACILI
E VELOCI

È possibile fare un buon investimento con gli NFT, ma molti investitori scoprono rapidamente che non è così facile come suggeriscono alcuni. La maggior parte perde denaro, e le opere delle collezioni NFT che vendono per milioni di dollari non sono sicuramente la norma. I dati che ho visionato rivelano che quasi il 60% non guadagna denaro.

L'attenzione per le vendite da milioni di dollari rappresenta in realtà circa l'1 o il 2% del mercato. La maggior parte dei token viene venduta per qualche centinaio di dollari. Gli NFT sono state promossi fin dall'inizio come un modo per gli artisti di trarre ancora più profitto dalle loro opere creative. Secondo quello che sono stato in grado di ricercare, è che in questo momento molti dei profitti vanno ai commercianti e non agli artisti.

Alcuni vedono bolle

I nuovi partecipanti al mercato a volte dimenticano che il mercato NFT è simile ad altri mercati, nel senso che i prezzi fluttuano e non sempre salgono. C'è così tanto rumore in questo momento sulle vendite record che si trascura il fatto che i prezzi siano scesi su alcune delle famose collezioni NFT. Ci sono alcuni analisti che credono che ci siano bolle di prezzo sul mercato. Questa può essere la situazione, ma con gli NFT è difficile decidere quando c'è una bolla. Riflettendo sulla mia esperienza con Bitcoin e altre criptovalute, le bolle di prezzo erano un argomento di cui sentivo parlare spesso. Ogni volta, i critici si *sbagliavano di molto*. Come abbiamo già appreso, non esiste uno standard universalmente concordato per dare un valore a un NFT. Non si tratta di azioni in cui si possono trovare guadagni aziendali, pipeline di prodotti, potenziale di crescita, ecc. Il consiglio immediato per qualsiasi lettore è di investire solo con capitale di rischio, denaro, che in caso di perdita non comporta nulla di grave alla tua vita finanziaria.

Orrori di vendita NFT

Una delle più grandi vendite nel mondo NFT è diventata una delle sue più basse rivendite di sempre. L'investitore di criptovalute Sina Estavi ha attirato l'attenzione dei media nel 2021 quando ha pagato 29 milioni$ per un NFT del primo tweet di Jack Dorsey, il co-fondatore di Twitter.

Estavi ha tentato di rivendere questa NFT nel 2022 chiedendo 48 milioni di dollari e le migliori offerte contavano solo un paio di centinaia di dollari. Sì hai letto bene, ha pagato milioni di dollari e le migliori offerte che ha ricevuto sono state per qualche centinaio di dollari. Ha quindi tentato un'altra rivendita senza chiedere un prezzo e le offerte, pur migliorate, si sono concluse con un deludente 6.800$. È stato citato per questa frase: "Questo NFT non è solo un tweet, questa è la Monna Lisa del mondo digitale". Ad oggi, sulla base delle offerte ricevute, gli acquirenti non condividono il suo entusiasmo o opinione di questa NFT. Possiamo concordare che questo sia un esempio estremo della volatilità degli NFT, ma è solo un altro promemoria della natura speculativa del mercato.

GESTIONE DEI RISCHI NFT

Prima di entrare nel trading o investire in NFT, il sistema di gestione del rischio deve funzionare correttamente. Utilizzando il mio background bancario, per i miei clienti li classificherei come investimenti alternativi. Questo mercato comporta più rischi rispetto ad altri, il che significa che i tuoi potenziali profitti dovrebbero anche essere più della media con qualsiasi NFT che consideri di acquistare. Questo non è solo il mio punto di vista, ma è quello che dovreste sentire da chiunque abbia familiarità con la gestione del rischio. Ho spiegato nel dettaglio in precedenza alcuni dei rischi legati a questo mercato, ma credo ancora che ci siano opportunità disponibili. La regola più importante per l'acquisto di un NFT è che si utilizza solo capitale di rischio. A seconda delle dimensioni del tuo portafoglio, puoi quindi copiare alcune delle tecniche che tratteremo e che vengono utilizzate da chi guadagna con gli NFT.

COME GUADAGNANO GLI ADDETTI AI LAVORI

Sappiamo che molti investitori non guadagnano soldi in questo mercato. In questo capitolo condividerò con te le strategie utilizzate da coloro che producono profitti NFT.

Le whitelist degli addetti ai lavori

Prima del lancio di un nuovo NFT, i creator cercheranno di connettersi con il maggior numero possibile di promoter. Questi promoter possono essere influencer dei social media, star dello sport o chiunque abbia una vasta base di fan. A questo punto i creator permettono ai promoter di acquistare l'NFT ad uno sconto enorme prima del lancio o forse anche di regalarne un po'. Questi elenchi di primi investitori sono noti come whitelist.

I promoter inseriti nella whitelist spesso ottengono oltre il 100% di profitti dalla rivendita dei loro NFT dopo il lancio. Ovviamente, i guadagni arrivano solo se sono in grado di promuovere correttamente. Lezione per il lettore: se possibile, cerca di assicurarti un posto in queste whitelist di investitori speciali.

Collezioni

Gli addetti ai lavori tendono a concentrarsi sulle collezioni. Si tratta di un gruppo di NFT che hanno lo stesso creator e condividono alcune somiglianze. La maggior parte del traffico e dell'interesse del mercato si concentra su un numero relativamente limitato di collezioni. Nel 2022 c'erano quasi 80,000 collezioni sul mercato, che non è un numero enorme, ma questa è la crescita rispetto alle circa 15.000 dell'anno precedente. I dati di nonfungible.com mostrano che le collezioni rappresentano quasi il 60% delle vendite NFT. Due delle più popolari sono CryptoPunks e il Bored Ape Yacht Club. Le vendite di entrambe le collezioni ammontano a miliardi di dollari... per delle immagini pixel!

Acquista di più e diversifica di più

Gli investitori vincenti nel mondo NFT stanno spendendo molto di più. I vincitori di NFT possono fare i profitti più grandi comprando un progetto sul mercato secondario per 15.000$ e rivenderlo successivamente per 20.000$. In media avranno anche più NFT e più varietà nelle proprie collezioni. Sono consapevole del fatto che questa strategia potrebbe non essere adatta a tutti. Le persone non sono sempre in una situazione finanziaria in cui possono spendere 15.000$ per un NFT, soprattutto visto che è ancora una classe di attività così poco conosciuta.

Utilizzare gli NFT come garanzia per i prestiti

Questo paragrafo, se scritto qualche anno fa, sarebbe stato deriso dai miei amici o dai miei lettori. Sì, ora è possibile ottenere un prestito in base al valore della tua collezione NFT. Per questa classe di attività nuova e speculativa, quando ho sentito parlare di prestiti NFT, il mio primo pensiero è stato che doveva essere uno scherzo. Posso confermare che <u>non</u> è uno scherzo, ci sono diversi siti web che consentono di farlo. Uno dei siti più popolari che offre questo tipo di servizio è nftfi.com.

Una volta approvati per un prestito, i fondi di criptovaluta possono essere utilizzati per acquistare più NFT o per investire in altri progetti di criptovaluta successivamente convertibili in moneta legale. Il prestito più alto approvato di cui io sono a conoscenza è stato per 8 milioni di dollari.

Staking NFT

Lo staking NFT è quando impegni i tuoi token su una piattaforma per ottenere ricompense. In termini più chiari, lo staking ti consente di guadagnare entrate extra dai tuoi NFT senza dover rinunciare alla proprietà. Il concetto di staking non è nuovo, è una pratica relativamente comune con le criptovalute.

Lo staking offre l'opportunità per i collezionisti di guadagnare reddito passivo dalle loro collezioni. Gli NFT non sono la classe di attività più liquida, quindi per coloro che investono a lungo termine può essere un business secondario attraente.

Come paga lo staking

Il processo di staking per gli NFT è simile a quello per le criptovalute. I tuoi token sono bloccati in uno staking pool dove vengono utilizzati per aiutare a confermare le transazioni. Sei ricompensato quando i tuoi token vengono utilizzati per le conferme. La tempistica delle ricompense varia da ciascuna piattaforma. Alcune offrono ricompense settimanali, altre addirittura quotidianamente.

Normalmente vieni pagato nel token nativo della piattaforma. Questo pagamento si baserà sul tasso percentuale annuo (APR) fissato dalla tua piattaforma. La base di come viene impostata la tariffa è diversa a seconda delle piattaforme disponibili. Ricorda che hai a che fare con un mercato non regolamentato, non ci sono autorità di regolamentazione bancaria disponibili per stabilire regole.

Un avvertimento per coloro che desiderano provare a fare staking: l'idoneità del tuo NFT per il gioco varia da piattaforma a piattaforma. Non tutti i NFT sono stakable, quindi non è così semplice acquistare un NFT e iniziare a percepire un reddito passivo. Dovrai fare un po' di compiti.

Come trarre profitto dagli NFT senza essere un esperto

Si può entrare nell'euforia NFT senza essere un addetto ai lavori o addirittura comprarne uno. Puoi ottenere un'esposizione indiretta agli NFT investendo nelle reti blockchain che le supportano.

Alcuni esempi di blockchain sono Solana, Cardano, GoChain, Tezos e ve ne sono molti altri. Ognuna delle reti ha le proprie proposte di valore. Come riferimento, GoChain si è fatta un nome come la blockchain più verde o più rispettosa dell'ambiente. Potresti anche investire negli scambi che vengono offerti per il trading, in modo da diversificare ancora di più il tuo portafoglio.

Una delle mie alternative preferite è la blockchain Ethereum, che viene utilizzata per molte cose, dagli NFT agli smart contract. Ethereum ha registrato una crescita a razzo rispetto ad altre piattaforme, questo perché la sua blockchain è la base per tanti tipi diversi di applicazioni. Gli NFT possono essere sviluppati anche su altre piattaforme, ma Ethereum è ancora la base preferita per gli sviluppatori di NFT.

Questo modo di ottenere un'esposizione indiretta a una particolare classe di attività non è niente di così nuovo. È qualcosa che da anni consiglio ai clienti di fare nei mercati più tradizionali. Invece di acquistare un contratto futures sul petrolio nel mercato delle materie prime, puoi acquistare su compagnie petrolifere, compagnie di navigazione, ecc. La base della strategia è trovare altri attori nell'ecosistema di qualsiasi area in cui tu stia cercando di investire. Un esempio di criptovaluta potrebbe essere quello di chi ha un interesse per le criptovalute, ma invece di acquistare Bitcoin, compra azioni di mining di Bitcoin.

UN NFT MORTALE E ALTRE TENDENZE

Esamineremo ora un progetto NFT *mortale* e un paio di tendenze che sto osservando nei mondi NFT e metaverso.

NFT di Celebrità Morte?

Uno dei progetti NFT più interessanti o strani di cui ho letto è Macabris, che si trova sulla blockchain di Ethereum. Ogni token è unico e rappresenta una celebrità specifica. I proprietari dei token ricevono una quota del pagamento mensile dal loro pool di distribuzione finché la celebrità sottostante è in vita. Ma la situazione si fa ancora più interessante: ogni token riceve una vincita maggiore man mano che le altre celebrità del token continuano a morire. Una volta confermata una morte nel mondo reale, una celebrità viene marchiata come morta dal suo Maestro della Morte.

Questo pool di distribuzione è finanziato dalla vendita iniziale di token e dalla commissione sulle successive vendite di token. Secondo Macabris, durante l'ICO l'80% dei fondi dei token venduti saranno trasferiti al pool. Le commissioni per il trasferimento di token da portafoglio a portafoglio andranno anche al pool di distribuzione.

Questo progetto potrebbe non essere l'ideale per tutti gli investitori, ma illustra il livello di diversità disponibile sul mercato.

La prossima ondata di NFT?

L'area degli NFT che sto osservando da vicino è il mercato dei libri e degli audiolibri. In qualità di autore, non dovrebbe sorprende che io sia curioso di conoscere le possibilità in questo settore. Come la maggior parte degli autori leggo molto, e come lettore è di mio interesse.

Esistono diverse piattaforme che consentono agli autori di pubblicare e distribuire le loro opere tramite NFT e smart contract. Le piattaforme forniscono anche molti dei servizi familiari agli autori e agli editori, tra cui i dati di vendita in tempo reale (ad es. quante copie vendute). Le piattaforme consentono anche il pagamento in valute legali, pertanto, avere un portafoglio di criptovaluta non è obbligatorio.

L'uso degli smart contract consente agli autori e ad altri produttori di contenuti di stabilire i diritti e le limitazioni delle loro opere e, secondo i vari siti web la loro applicazione combatterà efficacemente i falsi e altre frodi digitali. La tecnologia blockchain sottostante collega l'autore a opere specifiche che verificano chi è l'editore originale.

L'uso creativo degli smart contract può far passare la vendita di un libro dall'ordinario allo straordinario. Un autore può utilizzare gli smart contract per creare un'edizione da collezione o aggiungere un invito a eventi privati offline, come una degustazione di vini o un workshop gratuito. Le possibilità di ciò che può essere incluso sono quasi infinite.

Utilizzo pratico

L'imprenditore Gary Vaynerchuk ha fatto un'offerta in cui ha dichiarato che chiunque avesse comprato 12 copie del suo nuovo libro avrebbe ottenuto un NFT. Il risultato? Ha ricevuto pre-ordini per più di un milione di libri. Per essere realistici, non tutti hanno un seguito sui social media tale da poter vendere così tanti libri in pre-ordine.

Le statistiche per gli scrittori normali purtroppo non sono così vantaggiose. Le statistiche di vendita che ho visto io riportavano cifre singole. Purtroppo i report non hanno rivelato ciò che hanno incluso in tali NFT. Erano solo fascicoli di base? O includevano extra come l'accesso a un evento, o se vi erano edizioni limitate, ecc. Finché non ci sarà un mercato secondario più forte per i libri NFT, gli incentivi finanziari per gli scrittori meno noti non saranno poi così grandi... o almeno non in questo momento.

Un metaverso di Musei: Musei che tokenizzano l'eccesso

Un metaverso per le istituzioni artistiche può offrire alcune interessanti possibilità che per alcuni musei sono solo nelle fasi iniziali di indagine. Un'idea di cui ho sentito parlare è la possibilità di offrire versioni tokenizzate delle loro collezioni. Ciò avverrebbe dalla sede del museo nel metaverso, dove si possono fare vendite e mostre nel mondo virtuale.

Perché questo è rilevante? Molte persone non sono consapevoli che quando visitiamo i musei vediamo in mostra solo una frazione delle collezioni effettive*, l'uso di NFT può offrire un modo per monetizzare ed esporre digitalmente più collezioni tenute di riserva. Quale possa essere il pieno significato legale o artistico di tutto questo non lo so per certo, ma mi sento sicuro nello scrivere che molti stanno esplorando le possibilità.

*Ho lavorato al MoMA (The Museum of Modern Art) a New York City come dipendente estivo mentre frequentavo l'università e posso confermare che ciò che si vede durante una visita media al museo è solo una piccola parte di ciò che possiedono.

QUALI SONO LE PROSPETTIVE PER GLI NFT?

E i prossimi passi per gli NFT? Non so rispondere esattamente, ma chi potrebbe? Quando qualcuno mi ha chiesto anni fa cosa pensassi del futuro di Bitcoin, ho dato la stessa risposta. Risposi sinceramente. Per alcuni investitori, questa incognita su ciò che possiamo aspettarci in futuro è ciò che li ATTRAE degli NFT. Questo punto davvero importante è ciò che molti scettici trascurano.

Nelle prossime pagine condividerò alcuni di quelli che credo saranno i probabili scenari futuri. Si basano in qualche modo sul modello di maturità e crescita del mercato già sperimentato nei mercati delle criptovalute e di altri investimenti alternativi.

Aumento dei volumi e della concorrenza

I volumi di trading sulle piattaforme continueranno ad aumentare. Opensea, il mercato più attivo per gli NFT, vedrà più concorrenza soprattutto dopo le notizie arrivate da Coinbase che entrerà in gioco con il proprio mercato. Un sacco di altre aziende, artisti, fondi di investimento, atleti professionisti, truffatori (triste ma vero), e molti altri sono coinvolti, anche il governo del Regno Unito.

Il mercato degli asset NFT sta esplodendo. Le vendite sono aumentate drasticamente da circa 17 miliardi di dollari nel 2021 a quasi 37 miliardi di dollari al momento della stesura di questo libro. Ciò che è anche importante capire è che questi numeri, o altre stime di mercato, spesso non includono le cosiddette vendite fuori catena. Questo si riferisce alle vendite di NFT che si verificano in gallerie private, per non parlare di altre vendite private non registrate da una blockchain. Con questi tipi di incentivi finanziari, più istituzioni continueranno a entrare nel mercato. Alcuni grandi nomi *al di fuori* del mondo delle criptovalute stanno facendo le proprie valutazioni e hanno annunciato i loro piani per entrare nel mercato con piattaforme per soddisfare gli NFT. Facebook (ora noto come Meta), ha annunciato che il suo mondo virtuale nel metaverso supporterà gli NFT.

Uno dei primi broker dei mercati dei capitali ad entrare nel mercato è EToro. La loro piattaforma di trading, nota più per il forex e altre classi di asset, di recente ha lanciato un fondo da 20 MILIONI di dollari per acquistare NFT. Avevano tranquillamente acquistato NFT da alcune delle collezioni più famose, come il Bored Ape Yacht Club (BAYC) e altri. E' stato rilasciato anche "e-Toro.art", una piattaforma NFT che finanzierà nuovi progetti basati sull'utilità e sul potenziale complessivo. Secondo quanto hanno dichiarato pubblicamente, il loro intento è quello di permettere che gli utenti della loro piattaforma eToro facciano parte della rivoluzione che vedono arrivare con NFT e Web3.

Come nei primi giorni delle criptovalute all'inizio tutti ridevano, poi mentre venivano guadagnati più soldi la gente rideva meno. Le risate alla fine sono state sostituite da domande del tipo "come faccio a saperne di più?" e "qual è il modo migliore per fare soldi con tutto questo?"

Un mercato più diversificato

Mi aspetto di vedere in futuro un tipo più diversificato di cliente per gli NFT. La maggior parte delle persone non spende 300.000 dollari in arte digitale. Tuttavia, tra 0 e 300.000$ la forbice di spesa è molto ampia. Chi non è disposto a spendere 100.000$ potrebbe spenderne 500$ per un NFT del suo supereroe dei fumetti preferito, o qualche adolescente potrebbe spendere 25$ per qualcosa che pensa sia alla moda o popolare in quel momento.

La mia ricerca ha rivelato che circa il 10% dei trader rappresentava la maggior parte degli scambi NFT. Questo non è salutare per nessun mercato. Nei prossimi anni, si spera, le statistiche mostreranno un pool di trader più ampio.

Il mercato ha anche bisogno di liberarsi dalla dominazione delle famose collezioni (CryptoPunk, ecc.). Attualmente rappresentano quasi il 50% del mercato NFT. Oltre alla loro posizione dominante sul mercato, i prezzi medi di vendita delle collezioni sono fuori dalla portata dell'investitore medio.

È successo davvero!

Per illustrare quanto velocemente questo mercato può cambiare, uno dei più grandi accordi nell'universo NFT è avvenuto meno di una settimana dopo aver scritto il paragrafo precedente sulla necessità di diversità di mercato. Yuga Labs, proprietario della collezione Bored Ape Yacht Club, ha acquistato i diritti della collezione CryptoPunks da Larva Labs. La collezione CryptoPunks è stato il NFT più apprezzata sul mercato.

Bene

L'acquisizione trasferisce i diritti di proprietà intellettuale e i diritti d'autore a Yuga Labs. La storia migliora per i possessori di token perché Yuga Labs ha annunciato che darà loro pieni diritti commerciali. Come ora sai bene, la norma nel settore è che un token non trasferisce i diritti IP, ecc. Il significato pratico di questo è che i proprietari di token possono ora monetizzare legalmente i loro token lanciando i propri progetti privati. Questi progetti possono spaziare dall'abbigliamento fino agli eventi a tema della collezione NFT.

Non così bene

Ora due delle collezioni più preziose si sono fuse, portando a una maggiore concentrazione nel mercato NFT. Il consolidamento di un settore incredibilmente giovane come questo potrebbe rallentare le innovazioni, nel senso che si sentiranno meno voci, oppure potrebbe scoraggiare coloro che volevano entrare nel mercato, ma che ora potrebbero pensare di essere arrivati troppo tardi.

La prossima mossa per gli investitori?

Dovremo aspettare e vedere come questo mercato continuerà ad evolversi. Dato che gli NFT sono fortemente influenzati da artisti, quindi persone che sono dei creativi, mi aspetto più innovazioni al di là di tutto ciò che posso immaginare ora e nel prossimo futuro!

I PASSAGGI NECESSARI PER CONIARE IL TUO PRIMO NFT

Prima di concludere, condividerò il modo in cui ho coniato i miei NFT e fornirò una descrizione passo-passo di ciò di cui hai bisogno per iniziare.

Il mio lancio NFT è stato relativamente facile. Il processo di configurazione di un account e di connessione di un portafoglio di criptovaluta ha richiesto circa 5 minuti. Quindi, per caricare i file e compilare la descrizione della raccolta NFT ci sono voluti altri 20 minuti. A questo punto ero pronto per partire.

Ho utilizzato alcune delle mie copertine per creare utility token. Gli NFT non sono solo token delle mie copertine; includono servizi dai corsi e consulenza.

I passaggi necessari per coniare il tuo primo NFT

- Collega a un portafoglio di criptovaluta
- Un nome per il tuo progetto
- Un link alla tua homepage
- Una breve descrizione della tua collezione
- La fornitura di NFT che creerai
- Seleziona la blockchain che vuoi usare per coniare
- Seleziona il tipo di token (arte, utility, oggetti da collezione, ecc.)
- Imposta un prezzo e decidi quanto royalty vorrai ricevere da qualsiasi rivendita del tuo NFT

CONCLUSIONI

Grazie per essere arrivato fino alla fine di *La Guida Definitiva agli Investimenti NFT*. Questo libro ha un posto speciale nel mio cuore perché ogni poche settimane ho dovuto riscrivere varie sezioni poiché i fatti continuavano a cambiare. Il mondo NFT è agli albori ed è completamente aperto alle innovazioni. Ho scritto altri libri su blockchain e criptovalute, ed è interessante vedere questa fusione dei diversi mondi insieme al metaverso.

Le mie ultime parole di consiglio sono semplicemente di avere una mente aperta alle opportunità. Anche se personalmente non ti piacciono gli NFT, non c'è motivo di porre barriere artificiali a qualcosa che *potrebbe* essere un investimento utile e divertente allo stesso tempo.

I miei altri libri relativi agli NFT

I miei altri libri di criptovaluta - blockchain che hanno dimostrato di poter assistere professionisti e investitori sono:

Il Livello Successivo dell'Investire in Criptovaluta

Blockchain: Applicazioni e Comprensione nel Mondo Reale

SCHEDA INFORMATIVA DI BLOCKCHAIN & SMART CONTRACT

Blockchain

Blockchain è un tipo di Distributed Ledger Technology (DLT), che possiamo chiamare anche libro mastro. Un libro mastro distribuito viene replicato, condiviso e sincronizzato con dati appunti distribuiti geograficamente tra siti, istituzioni o paesi. DLT è la tecnologia sottostante per Bitcoin e altre criptovalute.

Uno strumento diverso per persone diverse

Le criptovalute sono di minore importanza per uno specialista di blockchain perché fa molto di più! In effetti alcuni blockchainer, come mi piace chiamarli, a volte si infastidiscono quando menzioni l'argomento delle criptovalute ai loro eventi.

Per gli appassionati di criptovalute, la blockchain è la spina dorsale tecnica delle valute digitali. Gli sviluppatori la usano per archiviare i dati su una rete distribuita e per i futuristi è uno strumento per creare una società decentralizzata.

Costruzione dei blocchi della Blockchain

Ogni blocco presente in un libro mastro è collegato al blocco precedente da un algoritmo crittografico chiamato hash. I blocchi collegati formano una catena, dandoci così il termine "blockchain".

La blockchain è una forma di database che viene distribuita e funziona su base consensuale. I computer in rete, noti come nodi, convalidano le transazioni e le aggiungono alla blockchain. Senza un'origine centralizzata per verificare le modifiche, viene utilizzato un algoritmo di consenso distribuito per creare un accordo tra i nodi in modo che la stessa voce venga inserita in ogni libro mastro.

Decentralizzazione: Ciascuna delle parti su una blockchain ha accesso a tutto il database e alla sua cronologia completa. Ogni parte può convalidare i registri dei suoi partner senza un intermediario.

Immutabilità: Ogni blocco ha un timestamp e un collegamento al blocco precedente. I blocchi sono resistenti alle modifiche. Una volta registrati, i dati in qualsiasi blocco non possono essere modificati retroattivamente senza l'alterazione di tutti i blocchi successivi. Vengono distribuiti algoritmi per garantire che la registrazione nel database sia permanente.

Trasmissione Peer-2-Peer (P2P): La comunicazione avviene direttamente tra peer senza un nodo centrale.

Programmabile: Le transazioni possono essere programmate. Gli utenti possono impostare algoritmi e regole che attivano automaticamente le transazioni tra i nodi.

Smart contract

Uno smart contract è un contratto e un programma per computer applicabile digitalmente che viene archiviato all'interno di una blockchain. Questa è la generazione successiva o, come la descrivono alcuni, l'evoluzione delle blockchain. Trasforma la blockchain da un sistema di libri mastri distribuiti in un nuovo modo per archiviare, trasferire e comunicare tra le parti di una rete.

I termini dell'accordo o dell'operazione sono scritti in righe di codice che vengono eseguite nel momento in cui vengono attivate da determinati eventi. I contratti possono essere utilizzati per automatizzare le operazioni di base su una rete, eliminando così la necessità di una terza parte fidata.

Proof-of-Stake (PoS):

Proof-of-Stake (PoS): si tratta di un metodo consensuale in cui non ci sono miner. Invece i nodi sono semplicemente selezionati per l'elaborazione delle transazioni senza la necessità di calcolare e risolvere equazioni complesse. Altri nodi in un sistema Proof-of-Stake si occuperanno di verificare il blocco. Per evitare di imbrogliare, i nodi di un sistema Proof-of-Stake devono bloccare una determinata quantità di valuta in una cassaforte virtuale. Tale valuta viene incamerata a titolo di penale qualora vengano rilevate irregolarità. Questo processo è noto come staking e il suo funzionamento è in qualche modo simile al mining nei sistemi Proof-of-Work (PoW), ma senza l'enorme dispendio energetico. Maggiore è la quantità di valuta puntata da un nodo, più alta è la possibilità che venga selezionato per creare il blocco successivo.

Esempi di Criptovalute PoS: Tezos, Ethereum

Dal mio libro: **Blockchain: Applicazioni e Comprensione nel Mondo Reale** (2018)

VOCABOLARIO ESSENZIALE DI NFT, METAVERSO E GAMING

La mia breve guida alle parole necessarie per approfondire la tua comprensione di questo ecosistema NFT in continua evoluzione.

Binance Smart Chain - Una blockchain per l'acquisto e la vendita di NFT.

Discord - Una piattaforma di messaggistica istantanea molto popolare tra gli appassionati di NFT.

ERC-721 - Lo standard che consente la creazione di token non fungibili.

Ethereum - Una blockchain con funzionalità di smart contract.

Flow - Una blockchain avviata da Dapper Labs e realizzata su misura per giochi e oggetti da collezione.

Proprietà frazionata – Consente diritti di proprietà parziali di un NFT. Gli acquirenti possono acquistare l'importo che desiderano o ciò che il loro portafoglio gli consentirà. I venditori possono vendere porzioni di un'opera.

Fungibilità - È un bene o una merce le cui singole unità sono intercambiabili. Ad esempio, un chilo di oro puro equivale a qualsiasi altro chilo di oro puro. Altri esempi fungibili includono petrolio greggio, azioni, obbligazioni, valute. Un diamante o un dipinto non lo sono dal momento che ciascuno di essi è unico.

Hashmasks – Sono opere digitali create da un gruppo di 70 artisti sparsi in tutto il mondo. Le hashmasks sono speciali nel senso che i consumatori hanno un certo grado di controllo sull'arte.

Secondo Hashmasks, i detentori di token hanno la possibilità di contribuire al completamento della maschera dandogli un nome a loro scelta tramite il Name Change Token (NCT).

InterPlanetary File System - Un modo di memorizzare i dati NFT.

Metadati - Sono i dati che definiscono la proprietà e differenziano un NFT da un altro. I metadati possono essere on-chain o off-chain.

MetaMask - Un portafoglio di criptovaluta che funge da gateway per l'ecosistema NFT. Viene utilizzato per accedere alle app NFT come OpenSea, Rarible e molti altri.

NBA Top Shot - Un mercato in cui le persone possono scambiare clip evidenziate delle loro giocate di basket preferite, in modo simile a come scambieresti carte di giocatori di baseball o di calcio. NBA Top Shot è una collaborazione tra la National Basketball Association (NBA) e Dapper Labs.

Nifty Gateway - È un popolare mercato NFT che permette di acquistare e vendere arte digitale. Li chiamano "Nifties", che è il loro modo di dire NFT.

Metadati on-chain - Metadati inseriti in uno smart contract.

Metadati off-chain - Metadati memorizzati al di fuori della blockchain.

NFT focalizzati sull'utility - Il passo successivo per le NFT, producendo esempi di uso pratico. Finora alcuni sono stati codificati per eventi o progetti speciali, solo su invito. Siamo davvero l'inizio delle innovazioni con questi tipi di NFT.

L'AUTORE

Wayne Walker è il direttore di una società di istruzione di capitali globali e mercati di criptovaluta (gcmsonline.info). Vanta diversi anni di esperienza nella guida e nel coaching di team di Consulenti per gli Investimenti, oltre ad aver gestito team con le migliori prestazioni in un Gruppo di Clienti Privato basato sul Benchmark Earnings (BME).

FONTI

nterviste con investitori NFT, TEDx talk on avatars, *Il Livello Successivo dell'Investire in Criptovaluta, Blockchain: Applicazioni e Comprensione nel Mondo Reale (Wayne Walker)*, Linas Beliūnas from Linas' s Newsletter, Yahoo finance, nftfi.com, nonfungible.com, Kulturmonitor.dk, macabris.com, Twitter "NFTtheft", esports.net, Creatokia, IntoTheBlock, HBR.org